BEI GRIN MACHT SICH IHR WISSEN BEZAHLT

- Wir veröffentlichen Ihre Hausarbeit,
  Bachelor- und Masterarbeit

- Ihr eigenes eBook und Buch -
  weltweit in allen wichtigen Shops

- Verdienen Sie an jedem Verkauf

Jetzt bei www.GRIN.com hochladen
und kostenlos publizieren

Hans-Jürgen Borchardt

Wenn Stammkunden zu Ausbeutern werden

GRIN Verlag

Bibliografische Information der Deutschen Nationalbibliothek:

Die Deutsche Bibliothek verzeichnet diese Publikation in der Deutschen National-
bibliografie; detaillierte bibliografische Daten sind im Internet über http://dnb.d-
nb.de/ abrufbar.

Impressum:

Copyright © 2010 GRIN Verlag GmbH
Druck und Bindung: Books on Demand GmbH, Norderstedt Germany
ISBN: 978-3-640-75619-3

Dieses Buch bei GRIN:

http://www.grin.com/de/e-book/162152/wenn-stammkunden-zu-ausbeutern-werden

Wenn Stammkunden zu Ausbeutern werden

Grundsätzlich sind Stammkunden etwas Schönes. Man kennt sie und kann deren Umsätze ziemlich konkret planen. Und weil sie hohe Wertschätzung genießen, werden sie auch besonders gepflegt.

Aber genau hier beginnt manchmal der Ärger. Weil Stammkunden, insbesondere wenn sie größere Umsätze tätigen, sich ihrer Position bewusst sind, entwickeln sie oft Sonderwünsche und erwarten Sonderbehandlungen und Zusatzleistungen, die die eigene Bereitschaft zur Kundenpflege überschreiten. Diesen möglichen Entwicklungen muss konziliant aber bestimmt begegnet werden, damit der Gesamtfrieden nicht gestört wird, d. h. die Verhältnismäßigkeit gegenüber den „Normalkunden" erhalten bleibt.

Egal mit welcher Erwartungshaltung Sie sich möglicherweise auseinandersetzen müssen, immer ist ein hohes Maß an „Fingerspitzengefühl" erforderlich. Allgemeingültige Lösungen gibt es nicht, die müssen individuell –je nach Bedeutung und Mentalität des Kunden- gefunden werden.

Wenn ein Gespräch geführt werden muss, das den „Normalzustand" wieder herbeiführen soll, ist die Vorbereitung sehr wichtig. Die Planung des Gespräches sollte die vier folgenden Punkte umfassen:

- **Wann will ich das Gespräch führen?**
  Ein derartiges Gespräch sollte langfristig geplant werden und auf gar keinen Fall unter Zeitdruck geführt werden. Gut ist es, wenn man den Kunden nach einem Termin fragt, der ihm passt.

- **Wo will ich das Gespräch führen?**
  Auf gar keinen Fall zwischen „Tür und Angel". Es muss sichergestellt sein, dass es ungestört verläuft und nicht nur auf der geschäftlichen Ebene geführt wird.

- **Welche Argumente will ich einsetzen, damit er Verständnis für meine Situation entwickelt?**
  Um den Kunden nicht zu brüskieren, muss ihm gesagt werden, dass er natürlich auch weiterhin einen bevorzugten Status besitzt und man ihm nach wie vor bevorzugt behandeln wird. Gleichzeitig muss deutlich gemacht werden, dass es in der Zukunft bei Hochbetrieb, bei engen nicht, wie bisher, „Knall auf Fall" geht oder …

- **Welches Angebot will ich einsetzen, wenn das Gespräch nicht wunschgemäß verläuft?**
  Natürlich muss man für ein derartiges Gespräch ein besonderes Angebot, entweder als Belohnung (wenn sinnvoll) oder als Lockvogel für das Zugeständnis bereit halten. Dabei ist darauf zu achten, dass es sich um eine Einmal-Zusage und nicht um ein Dauer-Zugeständnis handelt.

Denken Sie immer daran, bevor Sie wieder ein generelles Zugeständnis machen, müssen Sie sehr genau überlegen, ob es nicht möglich ist, mit einer „Einmal-Aktion" grundsätzliche Zusagen zu vermeiden. Ist erst einmal etwas prinzipiell gewährt, ist es selten oder nie möglich, einen gewährten Vorteil wieder zurück zu nehmen. Besser ist es, sich rechtzeitig selbst Grenzen zu setzen, damit man nicht in eine derartige Situation gerät.

Wie aber gehen Sie mit den konkreten Problemen um? Hier einige Empfehlungen.

Vorab:
Kunden an neue „Spielregeln" zu gewöhnen ist schwierig. Deshalb sollte deren Durchsetzung sehr vorsichtig bzw. stufenweise erfolgen, damit der Kunde sich nicht zurückgesetzt fühlt. Klassische Sonderrechte kann man beispielsweise wie folgt einschränken.

- **Die Forderung nach uneingeschränkter Aufmerksamkeit, egal mit welchem Kunden oder Problem Sie sich gerade beschäftigen.**
  Versuchen Sie es mal so: Wenn ein derartige Kunde Ihnen wieder mal Zeit stehlen will, sagen ihm, dass Sie jetzt im Moment weg ganz eilig weg müssen, er sich aber an XYZ wenden möge, den er ja bestens kenne. Wenn nötig, verlassen Sie Ihre Firma, damit Sie tatsächlich nicht greifbar sind.

  Noch am gleichen Tag fragen Sie Ihren Kunden, ob er mit der Bedienung bzw. Leistung des Mitarbeiters zufrieden war. Wenn er „ja" sagt, fragen Sie ihn, ob er damit einverstanden ist, dass das in Zukunft öfter geschehen darf, weil Sie auf Grund von … in Zukunft viel mehr zu tun haben. Gleichzeitig sagen Sie ihm, dass Sie aber bei besonderen Fällen selbstverständlich nach wie vor sein Ansprechpartner sind.

- **Die Erwartung ständiger Leistungsbereitschaft, wenn Aufträge erteilt und/oder Wünsche geäußert werden.**
  Eine Möglichkeit die Dauerbereitschaft einzugrenzen besteht darin, zeitliche Überforderung zu signalisieren. Das kann so geschehen, dass man einen Tagesablauf mit all seinen Unterbrechungen aufzeichnet. Auf der Basis dieser Unterlage kann dann erklärt werden, dass –wenn es so weiter geht- die Qualität darunter leidet. Weil Sie das aber auf gar keinen Fall wollen, müssen Sie gegenüber *allen* Kunden Ihre Zeit rationalisieren und einfache Leistungen delegieren.

- **Die Gewährung von Sonderkonditionen.**
  Einmal gewährte Sonderkonditionen zu verändern, ist „ein heißes Eisen". Gut geeignet ist der Zeitpunkt, wenn die eigenen Konditionen geändert werden oder man sie selbst verändern will bzw. muss. Dieser Anlass eignet sich besonders gut für eine mögliche Korrektur. Im Rahmen dieser generellen Veränderung ist es am leichtesten seine Wünsche durchzusetzen. Dabei kann es manchmal sinnvoll sein, die geplanten Veränderungen höher anzusetzen als notwendig, um entsprechenden Verhandlungsspielraum in Reserve zu haben.

- **Die Annahme, dass auch immer ausreichend Zeit für Probleme vorhanden ist, die außerhalb der geschäftlichen Zusammenarbeit liegen.**
  Dieser Erwartungshaltung kann einfach und nachhaltig begegnet werden, in dem darauf hingewiesen wird, dass der jetzige Zeitpunkt äußert ungeeignet ist, aber dass man zu einem späteren Zeitpunkt gerne zur Verfügung steht, z. B. nach Feierabend etc. Die Praxis zeigt, dass bei diesem Vorgehen viele Gespräche gar nicht mehr geführt werden müssen.

- **Erfüllung von kostenfreien Sonderwünschen.**
  Es kommt immer wieder vor, dass Kunden sagen: „ Das könnten sie doch auch noch mal schnell machen." Bei einer derartigen „Bitte" hat es sich als wirksam erwiesen, darauf hinzuweisen, dass diese Arbeit nicht zum eigenen Fachgebiet gehört. Daher kann auch nicht gewährleistet werden, dass die Arbeit richtig und fehlerfrei ausgeführt wird. Und weil man jede mögliche Fehlbetreuung vermeiden möchte, sollte doch besser ein Spezialist eingesetzt werden.

- **Die immer stärkere Ausrichtung auf spezielle Kundenbedürfnisse.**
  Wenn ein Kunde seine Bedeutung und damit die Abhängigkeit Ihrer Firma erkennt, erwartet er im Normalfall eine immer stärkere Ausrichtung Ihres Unternehmens auf seine Bedürfnisse. Wenn man erkennt, dass ein Kunde immer dominanter wird, muss unbedingt gegengesteuert werden, weil es sonst, wie viele Beispiele zeigen, zur Katastrophe führen kann. Daher ist es besser, auch wenn es sehr schwer ist, hier rechtzeitig die Bremse zu ziehen. Im Zweifelsfall ist es besser den Kunden als die Firma zu verlieren.

Mit diesen Wünschen/Erwartungen –manchmal sogar Forderungen- können Stamm- bzw. Altkunden zu Zeit-, Energie- und Renditeklauern werden. Das gilt insbesondere dann, wenn diese über ihre Sonderrechte, die sie im Laufe der Zeit erhalten haben, kein Stillschweigen bewahren. Also: Achten Sie darauf, dass Sie erkennbaren Tendenzen rechtzeitig begegnen.

Zwei Beispiele aus meiner eigenen Praxis:
1. Ich hatte einen großen Kunden, der mir eines Tages mitteilte, dass meine Agentur nur noch für ihn arbeiten solle. Nach entsprechender Überlegungszeit, die ich mir erbeten hatte, gab ich folgende Antwort: „Ich stimme zu, wenn sie mir einen unkündbaren Vertrag für 10 Jahre geben, denn ohne langfristigen Vertrag bin ich ihnen in jeder Hinsicht ausgeliefert." Auf der Basis dieser Vorstellungen wurde dann ein Agreement ausgehandelt, dass vorsah, dass ein Zeitkonto für mich eingerichtet wurde, und ich dem Unternehmen 100 Std. im Monat auf Abruf zur Verfügung stehe.

2. Ein Problem, dass viele von Ihnen kennen. Ich beriet einige Jahre einen Geschäftsführer eines mittelständischen Unternehmens. Aufgrund neuer Kunden konnte und wollte ich die Beratung nicht mehr persönlich durchführen. Um den Kunden nicht zu verlieren, überlegte ich mir folgende Taktik: Beim nächsten Besuch nahm ich einen qualifizierten Mitarbeiter mit und stellte ihn vor mit der Erklärung, dass er im Innenbereich teilweise für die Arbeiten des Unternehmens verantwortlich ist und er in Zukunft noch stärker eingebunden werden soll.

   Vorher hatten der Mitarbeiter und ich vereinbart, dass er nur sehr wenig im ersten Beratungsgespräch beisteuert, aber mit jedem weiteren Besuch wurde sein Gesprächsanteil größer, wobei die Themenfelder, zu denen er sich jeweils äußerte, vorher inhaltlich zwischen uns abgesprochen wurden. Zwischendurch machte ich immer wieder mal einen Besuch alleine, um dabei zu erfragen, wie sich die Akzeptanz meines Mitarbeiters entwickelt, um auf entsprechende Hinweise zu reagieren. Nach vier Monaten lag die gesamte Betreuung in seiner Hand.

Hans-Jürgen Borchardt
Juli 2010